LE NOUVEAU

PROJET DE LOI

SUR

LA POLICE DE LA PRESSE

RÉFORMÉ PAR LA CHARTE,

ou

LA TRIPLE NÉCESSITÉ,

SI L'ON NE VEUT QUE TOUT PÉRISSE, LA RELIGION, LA MONARCHIE, L'ORDRE SOCIAL TOUT ENTIER...

NÉCESSITÉ de rétablir la législation sur la presse en parfaite harmonie avec la loi fondamentale;

NÉCESSITÉ d'un *Jury littéraire* pour prévenir les abus de la presse, et d'une *Cour spéciale*, pour en poursuivre et juger les crimes et délits;

NÉCESSITÉ de soustraire à la curiosité publique les écrits impies ou séditieux, diffamatoires ou obscènes, et d'en retirer le plus grand nombre possible de la circulation, sans secousses ni violences.

« Oculos habent et non vident,
« gloriantur in simulacris suis. »

PAR DUBOIS-BERGERON.

PARIS,

A. PIHAN DELAFOREST,

IMPRIMEUR DE MONSIEUR LE DAUPHIN ET DE LA COUR DE CASSATION,
rue des Noyers, n° 37.

21 février 1827.

LE NOUVEAU PROJET DE LOI, etc.,

REFORMÉ PAR LA CHARTE,

ou

LA TRIPLE NÉCESSITÉ, etc.

AUX HONORABLES MEMBRES
DES CHAMBRES LÉGISLATIVES.

MESSIEURS,

Dans la cause du Souverain, qui est celle de l'État, tout sujet est né soldat.

Lorsque la Religion est en péril, tout chrétien est obligé de rendre témoignage de sa foi.

Quand la Société toute entière est compromise dans ses intérêts les plus chers, chacun est en droit de prendre sa défense.

« *In reos Majestatis et publicos hostes omnis homo miles.* » (Tertul., apolog.)

Voilà, Messieurs, la mission qu'ose se donner un Français ami des mœurs et de son pays. *Royaliste* et *chrétien*, il ne lui en fallut point d'autre, il y a quelques années, pour défendre l'utile et indigène Institution DES FRÈRES DES ÉCOLES CHRÉTIENNES, contre les Hauts protecteurs d'une innovation exotique et plus que bizarre dans le mode d'instruction populaire...

Voilà ses titres aux réflexions qu'il vient avec confiance et sans prétention soumettre à vos lumières.

Ces réflexions, appuyées sur des faits et dictées par le seul amour du bien public, auront pour objet de signaler à la fois l'imperfection de la législation actuelle sur la presse, et l'insuffisance du nouveau projet de loi, pour y remédier.

En cherchant à éclaircir un point que l'esprit révolutionnaire a pris tant de soin, et qu'il avait tant d'intérêt d'embrouiller, l'article 8 de la charte; et, en reportant à son principe le droit de publication par la voie de la presse, pour rétablir l'ordre où le sophisme a jeté la confusion..., mon but est d'indiquer, par le développement succinct de mes trois propositions, le remède qui guérit et qui prévient sans violer la charte, ni aucunes de nos institutions anciennes ou nouvelles.

Pour vous présenter, Messieurs, un travail moins indigne de vous et de l'importance du sujet, un peu plus de temps m'eût été nécessaire pour être plus clair peut-être, et pour être plus court; mais le peu d'intervalle entre le rapport de la Commission sur le nouveau projet de loi et sa discussion, ne me l'a pas permis. Je me suis hâté, Messieurs, et par-là

j'ai acquis, j'ose au moins l'espérer, des droits
à votre indulgence. Votre sagesse saura faire
la part de la précipitation, et suppléer par
de hautes méditations à l'insuffisance de l'auteur dans la disposition d'un plan qui, en ra-
menant la question à son véritable objet, se
rattache aux grands intérêts de la légitimité,
de la religion, des mœurs et de la paix des
familles.

J'aborde mon sujet.

PREMIÈRE NÉCESSITÉ.

« Il est urgent de rétablir la législation actuelle
« de la presse en harmonie avec la charte. »

Si je n'avais l'honneur de parler à des esprits
sages et à des cœurs nobles et droits, ce ne serait pas sans quelque défiance de rencontrer
des préventions ou de causer de l'ennui, sinon
de me faire taxer de témérité, que j'entrepren-
drais de discuter aujourd'hui une question
déja tant de fois et si diversement traitée. Mais
pour me rassurer au moment où je fais le plus
grand usage possible de la liberté de la presse,
celui d'écrire contre elle, je me sens fort d'une
sympathie de sentimens et de principes, plus
fort encore de la loyáuté de vos doctrines mo-
narchiques et religieuses. Comme vous, Mes-

sieurs, j'aime une sage liberté; nous détestons tous une licence effrénée.

Mais où trouver le juste milieu? Comment assurer à la presse un raisonnable exercice et en même temps préserver la société de ses affreux débordemens qui vont toujours croissant?

Si le problème n'est pas insoluble, la charte seule, Messieurs, peut nous aider à la résoudre. Indubitablement nous nous sommes écartés de la voie que nous traça dans sa sagesse l'auguste restaurateur de nos libertés. Je n'en veux d'autre preuve que cette étonnante divergence d'opinions sur le nouveau projet de loi.

Le projet du gouvernement rendu méconnaissable par les amendemens de la commission; les conclusions de M. le commissaire du Roi et de M. le rapporteur décelant leur embarras mutuel; royalistes et libéraux divisés d'intérêt, mais réunis dans une commune aversion; la division enfin dans les rangs ministériels, à l'occasion d'un nouvel amendement à l'art. 1er.... On dirait que bientôt on ne s'entendra plus.

Que conclure, Messieurs, de toutes ces contradictions? Rien autre chose, sinon que, pour nous être écartés du droit chemin, nous nous sommes égarés, et que nous courons à notre perte... Hâtons-nous donc de revenir sur nos pas; réfugions-nous dans la charte : elle est pour nous le port du salut.

Afin d'éclairer notre marche, posons deux questions. Leur solution pourra servir à en résoudre beaucoup d'autres :

1° « Le droit de publier et de faire imprimer « *ses* opinions est-il un droit *reconnu* par la « charte, et les lois auxquelles *on doit* se con- « former pour pouvoir user du droit de publi- « cation sont-elles des lois *répressives?*

2° « Le droit de publier ses propres opinions « comporte - t - il celui de *s'approprier* celles « d'autrui ? »

A cette double question féconde en résul- tats, c'est la charte qui répond, et elle répond *négativement.*

Que dit, en effet, l'article 8 :

« Les Français *ont le droit* de publier et de « faire imprimer *leurs* opinions, *en se confor-* « *mant* aux lois qui doivent réprimer les abus « de cette liberté. »

Voilà la loi fondamentale, voilà le véritable point de départ.

Essayons, Messieurs, de jeter quelque lu- mière sur une question si compliquée, qui di- vise des hommes également dévoués à l'intérêt de la religion et à la gloire de l'État. Son éclair- cissement est nécessaire pour assurer l'union de la monarchie et d'une sage liberté; union si désirée et si rare dans tous les temps, mais qui doit toujours subsister parmi nous, sous le noble et paternel gouvernement des fils de Henri IV et de Saint-Louis. Pour cela, tâchons de nous former des idées justes du texte et de l'esprit de l'article précité : car, avant que de discuter sur les choses, il est nécessaire de s'entendre sur les mots et de poser d'abord quelques principes : car, si pressé que l'on soit, il faut partir pour arriver, et qui ne part pas d'un principe, marche, mais n'arrive pas...

Reprenons.

PREMIÈRE QUESTION.

Le droit de publier est-il un droit *reconnu?*

Il est aisé d'apercevoir que le droit de publier ses opinions est subordonné à l'obligation préalable de *se conformer* à des lois; que cette *condition* donne seule le droit; qu'elle le constitue; qu'elle le précède; que sans elle il ne serait rien.

D'où l'on doit conclure, que, loin que l'article précité soit une *reconnaissance*, il n'est qu'attributif, sous condition et avec restriction.

Toutefois, nous nous trompons, si l'on en croit un ex-législateur du siècle, qui nous apprend que ce droit *vient de plus haut :* La charte nous dit-il, a pu le reconnaître, a pu le respecter... mais non le *conférer;* il vient de plus haut ; comme le *droit de penser, etc.* (Rapport de M. Raynouard, *Moniteur.*) Plus tard, en 1827, des publicistes diront : « Depuis que les Français *ont* « *repris* l'exercice du droit de publier leurs « opinions, etc. » (*Courrier Français*, 6 février.) Le moyen de douter, d'après d'aussi graves assertions, que ce ne soit un droit imprescriptible, un *droit naturel!*

Cependant, il nous semble que nous ne tenons de la Nature que des *facultés*, que son divin auteur peut seul limiter; et que c'est de la Société que nous tenons des *droits*, qu'elle même, ou le Pouvoir commis par Dieu pour la représenter, accorde à telles ou telles conditions.

De cette observation, si elle vous semble juste, Messieurs, il résulterait que ces mots *droits naturels*, dont on ferait ici un si étrange abus, sauf à en charmer indiscrètement les oreilles de la multitude, seraient donc des mots vides de sens, sinon des contre-sens; s'il est vrai encore, qu'au moral comme au physique, il ne peut exister de *droits* dans la Nature; celui-même de la force, qui serait le seul, s'il pouvait y en avoir, n'étant point un droit, mais une simple faculté.

Le droit *social*, au contraire, se conçoit aisément. Il consiste dans l'étendue permise aux facultés de chacun ; mais il en résulte alors un domaine , et par conséquent une limite de l'homme à l'homme, et d'un seul à tous.

L'homme borne-t-il ses facultés à lui seul ? il est dans la Nature ; aucune puissance humaine ne saurait restreindre sa liberté. Du nombre de ces facultés est celle de penser et de parler (1).

L'homme veut-il franchir la limite naturelle, en communiquant ses facultés à d'autres ? il est dans la société ; la société les borne, et en *fait des droits* De ce nombre est le droit de parler et d'écrire aux autres.

Le Représentant de la société qui fait le droit, a pu le rejeter ou l'instituer, habile qu'il est à juger si cette communication, qui suppose deux parties et deux intérêts, lui est utile ou préjudiciable.

____

(1) Il y a de certains *logiciens* qui, de ce qu'aucune autorité sur la terre ne saurait restreindre la liberté de penser, concluent qu'aucun pouvoir n'a le droit d'entraver la liberté de parler. Mais si on leur soutenait que la liberté des bras étant aussi naturelle, aussi sacrée que celle de la langue, aucune puissance humaine n'a le droit de restreindre la liberté qu'un homme a de plonger un poignard dans le sein de son semblable... qu'auraient-ils à répondre ?

Si le chef de la société l'institue, ce droit de communication de ses pensées *au dehors*, il a pu, peut et pourra (car *ses titres*, comme Représentant de la société, *ne prescrivent pas*) lui imposer ses conditions.

Parler et écrire aux autres est donc, non pas un droit naturel, ce mot n'a pas de sens, mais une faculté naturelle érigée en droit social, et que la Société, par elle-même dans les républiques, et en France le Roi, limite à son gré.

Ce serait donc encore une prétention erronnée, sous un autre rapport, que de soutenir qu'en restreignant la liberté de la presse, c'est porter atteinte à un droit *naturel* et *imprescriptible* des citoyens, puisque la possibilité de parler à la fois à un nombre incalculable d'individus répandus sur un territoire immense, qui peut ne s'étendre rien moins que d'un bout de l'univers à l'autre, n'est point un *don* de la nature, mais l'effet d'une découverte de l'esprit humain.

D'où vous concluerez avec moi, Messieurs, qu'en thèse générale, refuser aux citoyens le droit de répandre à grands flots et sans contrôle leurs pensées ou leurs opinions par la voie de l'impression, n'est une *injustice*, ou la restriction de cette liberté, *la violation d'un droit*, que dans les pays où une convention formelle entre la nation et son gouvernement a établi la liberté de la presse.

Et ce n'était pas là le cas de notre état actuel, au moment où la charte nous a été donnée. Il me sera facile de vous en convaincre, Messieurs, et en peu de mots, avant que de passer, de ces réflexions générales, applicables à tous les gouvernemens, au droit public des Français à cet égard.

L'homme du destin venait d'être abattu ; et la révolution ayant détruit en France tous les pouvoirs secondaires, un seul restait, le *trône*, et ce pouvoir absolu, immense, réunissait tout en lui... il pouvait de plein droit reconstruire à son gré l'édifice social. La France se trouvait, par un exemple inouï, à l'origine des sociétés.

Cette puissance illimitée et légitime, put, sous la réserve de cette clause toujours sous-entendue, « *dùm rei publicæ non obsit* », (borne salutaire que le sentiment de sa céleste origine ne lui permet point de franchir) essayer de larges concessions. Il plut au Roi, comme chef de la société *dont les titres ne prescrivent pas*, d'instituer des droits, de créer des devoirs.

Au nombre de ces droits ont été ceux de l'usage de la presse. Le pouvoir suprême aurait pu les méconnaître et les exclure ; trop d'excès dans le passé l'eussent autorisé, trop de servitude dans le présent, l'eût rendu facile.

Quoi qu'il en soit, il les admit dans sa bonté; mais les régla dans sa sagesse, sous condition et avec restriction ; c'est ici le cas de le répéter.

Voilà les droits que la presse a reçus ; voyons les conditions qui lui ont été imposées pour en faire usage.

§ 1. — Ici, Messieurs, le texte est si clair qu'il ne peut donner lieu à la moindre interprétation. Il faut se conformer aux lois pour pouvoir user du droit de publier et de faire imprimer. Point de conformité préalable aux lois, point de droit de publication : cela est évident; nous ne nous y arrêterons pas.

Mais quelles sont les lois auxquelles on devra se conformer? Le législateur s'est-il reposé du soin de préserver la société des excès de la presse, sur l'action de mesures purement répressives? Assurément, non; et c'est toujours l'article 8 de la charte qui nous en fournit la preuve; car, dans cet article, le mot *réprimer*, inséparable de celui *se conformer*, est nécessairement synonyme de *prévenir* et non de *punir*.

Dans le premier cas, le mot *prévenir* donne à l'article un sens clair et raisonnable. Alors les lois qui ont charge de réprimer les abus, c'est-à-dire de les empêcher de naître, les répriment effectivement, et de la seule manière possible pour être utile, soit en garantissant la société de toute publication dangereuse, soit en sauvant à l'auteur ou éditeur les frais perdus d'une entreprise coûteuse, une amende, la prison même.

C'était ainsi que l'entendaient, en 1789, les cahiers des bailliages. Sur la foi des écrivains encyclopédistes, qui la réclamaient et ne cessaient de la célébrer depuis trente ans, le *tiers-état* et la plus grande partie des assemblées de la Noblesse demandèrent la *liberté de la presse,* « sauf aux États-Généraux à chercher les moyens « de PRÉVENIR les abus. »

Dans le second cas, si dans l'article on substitue le mot *punir,* ou la phrase ne veut plus rien dire, car on ne se conforme pas à des lois *répressives* d'un délit consommé, on les subit alors, ce sont des lois pénales; ou cet article présente un sens déraisonnable, car se conformer à des lois qui punissent, ce serait encourir la punition.

Il n'est aucun de vous, Messieurs, qui ne convienne que c'est bien ici le cas, ou jamais, d'apprécier des locutions grammaticales par ce principe : « la lettre tue et l'esprit vivifie. »

Mais admettons pour un instant que la rédaction de cet article présente un double sens. Doit-il donc être interprété dans l'intérêt des discordes civiles, au lieu de l'être dans celui de la tranquillité publique?...

Lorsqu'une loi n'est pas claire, et une loi fondamentale surtout, il faut en chercher l'esprit. Où peut-on le trouver cet esprit? Dans la pensée du législateur au moment où il rédigeait la loi.

Ici, Messieurs, tous les doutes se trouvent éclaircis par deux circonstances : l'une qui a précédé la charte, et l'autre qui l'a suivie.

La circonstance qui a précédé la charte, c'est la déclaration royale du 2 mai. On y lit, en regard de l'art. 23 de la *constitution* que le sénat de Buonaparte avait eu la hardiesse de présenter à la sanction de Louis-Stanislas-Xavier de France (1), l'intention formelle, la volonté expresse de prendre des « *précau-* « *tions* contre la liberté de la presse *néces-* « *saires à la tranquillité publique.* »

---

(1) Cet article 23 est ainsi conçu : « La liberté de la « presse est entière, sauf *la répression* légale des délits qui « pourraient résulter de l'abus de la liberté. »

Au moins, cet article a-t-il le mérite de la clarté.

C'est dans ce sens de *liberté indéfinie* que les adversaires des lois préventives expliquent l'art. 8 de la charte...

Pesons bien, Messieurs, ce mot *précautions*, (du mot *pre-cavere!...*) Ici, rien n'est douteux, rien n'est susceptible d'un double sens. Exerçant alors exclusivement la toute-puissance législative, le Roi, non encore assisté de ministres, annonce aux Français qu'il va soumettre la liberté de la presse *aux précautions nécessaires à la tranquillité publique.*

La charte est publiée ; *elle ne promet rien à la presse...* ; seulement, et par une sage précaution de la part de son auguste auteur, la charte, conséquemment à la déclaration de Saint-Ouën, permettra aux Français « de pu- « blier et de faire imprimer *leurs* opinions, « s'ils se sont conformés aux lois qui *doivent* « réprimer les abus, soit dans l'usage ou lés « limites, du droit de publication, subor- « donné à cette condition. »

La circonstance qui a suivi la charte, c'est le projet de loi, de *précaution* ou de *censure*, du 5 juillet 1814. Cette loi perpétuelle et non *temporaire* (quoique la mémoire ait fait à cet égard à la tribune infidélité à l'un de vous, Messieurs) était un complément de la charte, au rapport du ministre même qui la présentait ; elle devait faire corps avec la charte ; elle était enfin l'accomplissement de la promesse faite par l'article 8.

L'adoption de cette loi a donc mis fin, à cet égard, à toute incertitude. Il a été souverainement décidé par les trois pouvoirs législatifs, que les lois prévues par la charte, pour régler l'exercice et les limites du droit de publication, n'étaient point des lois *répressives*, dans le sens purement grammatical qu'on y a depuis lors attaché.

Louis XVIII avait une connaissance trop profonde du cœur humain pour ne pas savoir que les grandes maladies des Etats sont celles dont le siège est dans *l'opinion*. De là cette sollicitude, cette sage précaution contre les funestes excès dans lesquels peut tomber l'exercice du droit de publier ses opinions, s'il n'était pas circonscrit dans de justes bornes. C'est pour cela, qu'en accordant ce droit aux Français, il ajoute « qu'ils n'en jouiront qu'en se « *conformant* aux lois qui doivent réprimer « les abus de cette liberté. »

Quel sera le caractère, quelle sera la nature de ces lois?

Elles seront tout à la fois réglementaires et pénales.

Réglementaires, elles indiqueront aux écrivains les sujets sur lesquels ils peuvent donner un libre cours à leur imagination ; elles leur signaleront les matières qu'ils doivent

2

traiter avec réserve, décence et modération.

Réglementaires, elles indiqueront aux écri-vains les sujets qui appartiennent au domaine public de la discussion ; elles établiront des limites ; elles diront, en quelque façon, quels sont les *cas réservés* de la morale, de la religion et de la politique ; car ni la morale, ni la reli-gion, ni même la politique, n'appartiennent à la dispute évidemment ennemie de l'autel et du trône.

Pénales, elles contiendront les peines ré-servées à l'écrivain audacieux et pervers, qui aura franchi à mauvais dessein, les limites qu'on lui aura tracées ; elles prescriront les mesures à prendre pour atteindre le coupable et rendre la répression efficace.

Le bon sens se refuse à imaginer un système de liberté de la presse, dans lequel tout le monde aurait mission pour soulever à son gré les passions de la multitude, pour attiser le feu des discordes, pour régler les intérêts les plus élevés de l'ordre social. Quoi ! il faut subir un examen pour être maître d'école dans un village ; il faut produire des certificats de bonne conduite et de capacité pour exercer un office d'huissier ou de garde-champêtre ! et quand il s'agit d'instituer des directeurs de l'opinion publique, des professeurs de morale, des ora-

teurs politiques pour la multitude, des ora-
teurs qui font l'anarchie et les révolutions,
vous ne vous informez plus de rien ! dispense
d'âge , dispense de capacité, dispense de
mœurs et de religion, dispense d'état, de ga-
rantie et de solvabilité; tout est donné aveu-
glément au premier venu qui se présente pour
bouleverser l'ordre public, pour corrompre
les esprits et les cœurs, pour attaquer les institutions sacrées comme les institutions politiques sur lesquelles reposent à la fois la vie
religieuse et la vie civile !

Aucune précaution n'est négligée, aucun ré-
glement d'ordre public n'est oublié quand il
s'agit de rassurer l'artisan contre la désobéis-
sance et les écarts de ses compagnons, le maître
contre les infidélités de ses domestiques, le
chef d'atelier contre l'insubordination et les
petits complots d'ouvriers. Ne serait-il pas sin-
gulier que l'auteur de la charte n'eût voulu
prendre aucunes sûretés contre la liberté de la
presse, c'est-à-dire contre la profession la plus
féconde en mauvais conseils, en égarémens et
en périls de toute espèce? Assurément la chose
est impossible, et une injure plus grave ne saurait être faite à la mémoire de Louis XVIII.

Voyons cependant de quelle manière l'ouvrage de sa sagesse est interprété, et quelles

conséquences l'esprit de révolution sait en faire sortir. Afin de les rendre plus sensibles, mettons en action la morale des doctrines politiques que nos savans commentateurs trouvent dans la charte.

Dialogue entre M. Hardy et M. Lesimple.

———

M. *Lesimple.* — Je vous l'avouerai, monsieur, je suis étrangement scandalisé de ce que je viens de vous entendre dire sur la liberté de la presse. Je n'aurais jamais imaginé que le mot *réprimer* signifiât qu'il faut se laisser tuer pour le triomphe des principes.

M. *Hardy.*—Il n'y a pourtant que cette manière d'entendre la liberté et d'entrer dans l'esprit des lois. Sans cela, monsieur, plus de libre arbitre : vous aurez du calme dans l'ordre social; mais ce sera un calme plat, du moment où ceux qui aiment le trouble et l'anarchie ne pourront pas faire le mal qu'ils auront dans la pensée.

M. *Lesimple.*—Interprétez les choses comme il vous plaira; mais moi je m'en tiens à ce raisonnement qui me paraît sans réplique : vous avez une maison et vous êtes averti qu'un incendiaire se propose de la brûler. Vous n'attendrez certainement pas qu'elle soit brûlée pour prendre vos précautions et vous mettre en garde contre cet homme-là.

M. *Hardy.*—C'est ce qui vous trompe ; j'aime trop la liberté individuelle pour la gêner. Les lois de *répression* sont là ; mon incendiaire sera *réprimé* en temps et lieu. Mais point de mesures *préventives ;* elles tuent la liberté.

M. *Lesimple.*— Eh bien ! oui, je vous l'accorde ; elles tuent la liberté de commettre des crimes et de nuire à autrui. Mais ne trouveriez-vous pas aussi simple que votre maison ne fût point brûlée et que l'incendiaire dont il s'agit gardât sa tête sur ses épaules ?

M. *Hardy.*—Non, en vérité, il vaut mille fois mieux que les deux choses arrivent : c'est là le beau de la liberté. Faites donc attention, je vous prie, que la Providence se conduit exactement selon mon système ; elle laisse faire le mal, sauf à le *réprimer* ensuite. Si elle agissait autrement, point de libre arbitre ; si nous agissions autrement, point de liberté.

M. *Lesimple.* — A la bonne heure, monsieur ; mais la Providence est sûre de retrouver les coupables qui auront enfreint ses lois ; tandis que je connais des circonstances où vous ne retrouveriez point les vôtres pour les ré-primer

M. *Hardy.*—Quelles circonstances, je vous prie?

M. *Lesimple.* — Le cas, par exemple, où le mal arrive à son dernier degré, comme nous l'avons vu plusieurs fois dans le cours de la révolution. Ainsi je conçois très bien que les lois eussent pu *réprimer* le 21 juin, le 10 août, le 2 septembre et le 21 janvier, si la victoire ne fût pas restée au génie du mal, si le crime n'avait pas triomphé. Mais vous voyez qu'il arrive des momens où l'impunité vient tout couvrir, où la justice est réduite à se retirer, et où votre système de *répression* n'est plus qu'une niaiserie digne de pitié. Quel est, en général, le but d'une entreprise révolutionnaire? C'est d'arriver à une révolution. Sans doute jusqu'au dénouement, et pendant les progrès du mal, il y aura des degrés où l'on pourra se flatter de *réprimer*, ou pour mieux dire, d'ajouter la perte d'un homme au dommage que son libre arbitre aura causé. Mais quand les degrés sont épuisés et que le but se trouve atteint, allez-vous-en donc demander des secours à vos lois de *répression*. Elles se moqueront de vous; et à leur place vous ne trouverez plus que cet axiome de la sagesse : *qui amat periculum peribit in illo.*

M. *Hardy.*—Que voulez-vous! je ne connais

point de malheur comparable à la perte d'un principe; et là-dessus je suis aussi inflexible que celui qui a dit le premier : *périssent les colonies!*

M. *Lesimple.* — Cela est très beau, monsieur, très beau et très généreux assurément ; mais ne connaissez-vous donc d'autres principes à sauver que ceux de la liberté de la presse? Les principes de la morale, les principes de la religion, les principes de la monarchie et de la légitimité, le vieux principe nommé *Salus suprema lex ;* tous ces principes-là ne vous paraissent-ils d'aucune considération ?

M. *Hardy.* — Au contraire, je leur suis tout dévoué, et j'en fais le plus grand cas. Aussi j'entends bien qu'on ne puisse les renverser impunément non plus, et que, si on les renverse, on soit *réprimé* comme il faut.

M. *Lesimple* — Mais, monsieur, quel avantage voyez-vous à ce que Louvel, après avoir lu *la Minerve* et *le Constitutionnel,* ait été *réprimé* ensuite? Ne vaudrait-il pas mieux mille fois pour la France et pour lui-même que *la Minerve* eût été *réprimée* avant lui?... Encore une fois, suivez-moi, je vous en prie, dans ce raisonnement : Je passe avec quelques furieux comme moi devant un corps-de-garde fort éloigné du château des Tuileries; nous égorgeons le factionnaire, et nous envahissons ce premier poste.

M. *Hardy*. — Hé bien! tant pis pour vous. Les lois sont là pour vous *réprimer* sévèrement.

M. *Lesimple*. — Oui, mais nous n'en demeurons pas là; nous avançons, et, après en avoir fait trois à quatre fois autant sur notre passage, nous arrivons aux deux sentinelles à cheval du Carrousel; nous les renversons à grands coups d'arquebuses.

M. *Hardy*. — Prenez-y garde, vous avez tort, et vous vous ferez *réprimer*.

M. *Lesimple*. — Cela dépend, monsieur, du reste de notre entreprise. J'entends fort bien que, si elle vient à échouer, on nous punira; mais si elle réussit ultérieurement.... Qu'en dites-vous? Qui demeurera maître de la justice et de vos lois de *répression*? Et en mettant les choses au mieux, en les faisant tourner de la manière la plus désirable pour l'ordre social, quel sera le règlement définitif du compte? Nous aurons égorgé des victimes, et on nous égorgera en vertu d'une loi *répressive*. Supposez maintenant que cette loi n'eût été que *préventive*, et qu'elle nous eût empêchés d'exercer notre libre arbitre aux dépens de nos têtes et du sang des autres, croyez-vous que l'inconvénient fût beaucoup plus grand pour l'ordre public?

M. *Hardy*.—Je vous l'ai déja dit, monsieur; je ne connais rien de pire que de vous ôter la liberté de faire le mal, quand la chose vous fait plaisir.

M. *Lesimple.* — Allons, monsieur, puisque vous le voulez absolument, vivent les lois *répressives!* Elles ne coûtent en effet que deux peines, savoir : la peine de porter des coups et celle d'en rendre...

Le dialogue qu'on vient dé lire renferme toute la substance de la loi sur la police de la presse. Il a d'ailleurs le grand avantage de laisser les opinions libres des deux côtés. Seulement un système de répression qui affronte tous les périls jusqu'à ce que le mal soit consommé, pour ne pas dire irréparable, nous paraît plus présomptueux et moins humain qu'un système de prévention qui n'expose la société ni à craindre, ni à punir.

Comme cependant nous avons affaire à des opinions que l'esprit de parti rend inflexibles, nous sentons fort bien que c'est à la charte qu'il faut recourir pour lui demander des interprétations, et le sens des mots sur lesquels roulent les disputes.

En interrogeant sa lettre, nous voyons qu'elle

a voulu réprimer les abus de la liberté de la presse; en interrogeant son esprit, nous sommes persuadés qu'elle a voulu qu'ils fussent réprimés par des moyens efficaces. Si l'on part de ce point, voici ce qu'il faut examiner.

La loi répressive, après coup, peut atteindre le coupable, mais le crime ou le délit, jamais. Elle en punit l'auteur sans arrêter les progrès du mal; l'écrivain est mis en jugement, condamné à l'amende, emprisonné si l'on veut; mais son livre circule, et, comme un poison subtil, n'en exerce pas moins chaque jour de nouveaux ravages; vous en saisirez bien quelques exemplaires, que vous condamnerez, mais le plus grand nombre est déja dans les mains du public, ou chez d'officieux receleurs qui sauront bien trouver moyen de les soustraire à vos recherches. On y a d'ailleurs pourvu d'avance. Comme on avait prévu, et peut-être désiré que l'ouvrage fût saisi pour lui donner de la vogue, on l'a mis en réserve dans des dépôts particuliers, avant de faire à l'autorité la déclaration voulue par la loi; déclaration qui n'a porté que sur le quart ou le tiers des exemplaires imprimés. Observons en passant que c'est pour obvier à ce genre d'abus très ordinaire que, dans le nouveau projet de loi sur la police de la presse, on a voulu s'opposer à ce que les feuilles d'impression pussent sortir en détail des ateliers de l'imprimeur, avant l'émission définitive des ouvrages.

N'espérez rien non plus des condamnations pécuniaires, des flétrissures de l'écrit ou des peines afflictives pour l'auteur. Au besoin, les hommes du parti sauront l'indemniser au moyen de la *caisse des chaumières*, destinée à couvrir les frais des distributions gratuites ou à vil prix. Quant à l'ignominie, il n'y en aura ni pour le livre, qui se vendra un peu mieux qu'auparavant, par cela seul qu'il sera prohibé, ni pour l'auteur, qui ne cherche d'autre célébrité que celle du vice, parce qu'elle est la seule qui puisse flatter les penchans de son cœur. La prison? elle ne sera qu'un lieu de retraite, pour s'occuper plus à son aise de nouvelles productions impies ou séditieuses, immorales ou obscènes. Et souvent encore les magistrats eux-mêmes, préposés à la garde des saines doctrines et de la morale, armés du glaive de la justice, pour frapper le coupable et couper le mal dans sa racine, ne prononceront qu'à regret ou avec réserve des condamnations désormais inutiles dans l'intérêt de la société (1).

---

(1) Par rapport à la presse périodique, quelques jour-

La loi préventive, au contraire, raisonnable dans son principe, simple dans son exécution, salutaire dans ses effets, digne enfin d'un gouvernement paternel; cette loi préservatrice, disons-nous, arrête le mal dans sa naissance; elle s'empare du poison avant qu'il ait exercé ses ravages; elle préserve de la séduction mille lecteurs simples et imprudens, aussi peu capables de discerner le sophisme qui égare, que

---

naux pris en flagrant délit, ont été l'objet des poursuites judiciaires; qu'en est-il résulté? Le *Courrier français*, journal *libéral*, est cité en 1823, devant les tribunaux, pour cause de *tendance*, pour ne pas dire de marche rapide à la révolution, *sur 80 articles* incriminés. Suspension de 15 jours... (Arrêt du 1ᵉʳ avril 1823.)

Un an après, ce même journal n'a à se reprocher *que 182 rechutes...* Les deux Chambres assemblées, *point de jugement*, arrêt *de partage* (10 juillet 1824). Et le Ministère public a pu garder le silence sur ce déni de justice !

Enfin, en 1825, ce journal malencontreux est encore entrepris par le Ministère public, avec son digne confrère de la rue Montmartre. Pour cette fois, la leçon sera sévère : arrêts des 3 et 5 décembre; le Constitutionnel acquitté avec éclat; et le Courrier, avec injonction d'être *plus circonspect* à l'avenir! Qu'on dise après cela que les lois *répressives* sont insuffisantes!

Une seule citation, par rapport à *la presse ordinaire*, suffira pour faire apprécier les effets de l'action de nos lois

peu disposés à se prémunir contre les amorces du vice ; elle assure le triomphe des saines doctrines, la prospérité des belles-lettres, en arrêtant la profusion de ces écrits révoltans de tout genre, qui sont à la fois la honte de l'esprit humain et l'opprobre de la littérature.

---

répressives dans leur application. L'arrêt que nous allons citer est un modèle de ce respect religieux pour l'observation des formes tutélaires des dispositions du Code de Procédure, dont la Cour Royale de Paris veut être la vigilante gardienne... Le voici cet arrêt : le 16 novembre 1822, la Cour Royale en audience solennelle, a réformé un jugement du tribunal de première instance de la Seine, qui, le 12 octobre précédent, avait condamné un sieur Rousseau, libraire, éditeur et distributeur de *seize libelles* à la fois, des plus séditieux et des plus outrageusement licencieux, tels que les *Chansons de Béranger*, les *Amours de N. S. P. le Pape*, avec figures obscènes et *quatorze autres horreurs*. Et sur quel motif la décision des premiers juges a-t-elle été infirmée? sur le motif que la saisie des objets incriminés *n'avait pas été signifiée* audit libraire, *dans les trois jours*, aux termes de l'article 17 de la loi du 25 mars 1822.

Ainsi, d'une part, la lettre de la loi tue la société; et de l'autre, l'oubli d'une misérable formalité oblige la première des Cours Royales, à fléchir sur les grands intérêts de la religion et de la royauté, indignement compromis dans l'auguste personne du souverain, et dans celle du vénérable chef de l'église universelle!!!

La charte impose au législateur l'obligation de faire des lois qui *répriment* les abus de toute publication d'opinion inconsidérée. Pourrait-il hésiter un instant dans le choix des mesures à prendre, et s'en tenir à des lois insuffisantes et inutiles par conséquent, au lieu d'en faire de préventives ?

En définitive, du danger de la chose résulte la nécessité, et par conséquent le droit d'empêcher qu'elle ne nuise ; car la liberté n'est point l'indépendance, encore moins la licence.

On oppose, il est vrai, à ce raisonnement un sophisme, et l'on dit :

« Là seulement où se montre le délit commence l'action du magistrat. »

Eh quoi donc ! si un charlatan abuse de l'ignorance du peuple pour lui vendre des remèdes dangereux, est-ce donc que l'on s'en tient au droit de le punir ? Ne songe-t-on pas avant tout à empêcher ses poisons de circuler (1) ?

----

(1) Mais à quoi aboutirait encore l'arrestation du coupable, quand les esprits, une fois pervertis par la dissémination de maximes séditieuses, sont devenus, sinon complices, au moins *indifférens* à lacte de rébellion ! Un exemple frappant et assez récent d'une publique et désolante défection, à cet égard, établit la preuve que d'un

Si un furieux, au milieu d'une place publique,
appelle le peuple à la révolte, attend-on tran-
quillement la fin de la harangue séditieuse pour
arrêter le coupable (1)?

---

principe dangereux, découlent naturellement des conséquences allarmantes pour l'ordre social.

Voici le fait; il a été dénoncé à la tribune de la Cham-
bre des Députés, le 11 avril 1821 :

Un homme s'avise, le 18 mars 1821, d'élever sur la
place des Terreaux à Lyon, un dimanche, en plein jour,
au milieu d'une population immense, le drapeau trico-
lore. Cet homme est arrêté; mais le lendemain, il est *relâché...* et pourquoi relâché? PARCE QU'IL ne se trouva personne qui voulût déposer contre lui, d'un fait qui avait eu
lieu en présence, peut-être, de plus de *trente mille* per-
sonnes, et à la connaissance de *cent cinquante mille* autres.

« *Et nunc ministri regum, intelligite!* »

(1) « *L'Avis au peuple* de Tissot et la *Médecine domes-
« tique* de Bucham, a dit un écrivain qui doit faire auto-
« rité en pareille matière (Richerand, *err. popul.*, pag. 79),
« ont coûté la vie à plus d'hommes que la guerre la plus
« meurtrière. *La lecture de pareils livres ne saurait être
« trop sévèrement interdite.* » Mais si des livres de médecine mal compris par l'ignorance peuvent avoir de si
grands dangers que la lecture *devrait en être sévèrement
interdite,* que dirons-nous donc des livres de politique?...
Si *l'Avis au peuple* sur la médecine a coûté la vie à plus
d'hommes que la guerre la plus meurtrière, que dirons-
nous de tant D'AVIS AUX PEUPLES sur la politique?...

Si tout cela, sans beaucoup d'autres appli-
cations que l'on pourrait faire encore, paraît
raisonnable et commandé par l'intérêt de tous,
comment se fait-il qu'un mot, un seul mot ma-
gique change à l'instant toutes nos idées ?

Car si le crime est projeté dans un libelle ;

Si le charlatan qui abuse de l'ignorance du
peuple fait circuler ses poisons dans un libelle ;

Si le furieux qui appelle le peuple à la révolte
lui adresse sa harangue dans un libelle,

Aussitôt toutes nos idées changent ; et, avant
que de s'opposer à la provocation au crime, on
veut que la provocation ait eu son effet...

Avant que de saisir les poisons du charlatan,
on veut que le peuple en soit infecté...

Avant que d'arrêter le coupable, on veut
que l'appel à la révolte soit entendu...

Comme si le devoir le plus pressant de l'autorité n'était pas de sauver la société avant
même de songer à punir un coupable ! Comme
si d'ailleurs l'abus de la liberté n'existait pas
déja réellement dès l'instant où l'auteur a com-
posé son livre ou écrit son journal dangereux !

Et, en effet, si dans notre législation, comme
dans toutes les autres, un délit ou un crime
n'est pas seulement commis lorsqu'il a subi
toutes ces conséquences, mais qu'il l'est déja
lorsqu'il a été proposé, demandé ou seulement

annoncé (art. 90-102-305 du Code Pénal); qu'il l'est même lorsqu'il a été tenté ou seulement voulu (Code Pénal, art. 2), il s'ensuit que la prohibition de publication d'un écrit coupable, est l'application naturelle de cette *précaution* indiquée et déclarée *nécessaire à la tranquillité publique*, par l'auguste auteur de la charte, et que cette prohibition est encore synonyme de cette répression voulue par l'art. 8, entendu comme il doit l'être, dans l'intérêt de tous.

.Terminons, Messieurs, par une comparaison.

S'il était écrit dans le code :

« Tout Français a le droit de vendre des pré-
« parations médicales, en se conformant aux
« lois qui doivent réprimer les abus de cette
« vente. »

Quel est l'esprit droit et sain qui oserait soutenir que l'autorité devrait se borner à dé-fendre la circulation de ces drogues lorsqu'elles auraient déja empoisonné quelques malheu-reux ? Avant que de laisser circuler ces drogues, qui peuvent n'être que des poisons, ne nomme-rait-on pas un *jury médical*, à l'examen duquel le vendeur serait obligé de les soumettre ? Voilà la censure.

Pourquoi cette sage précaution ne serait-elle négligée qu'à l'égard des *drogues imprimées* qui peuvent nuire, non à quelques individus, mais à *cinquante*, mais à *cent mille* à la fois !...

C'en est assez de cette citation : « *intelligen-*
tibus paùca. »

Passons à l'autre question :

DEUXIÈME QUESTION.

« Le droit de publier ses propres opinions
« comprend-il celui de s'approprier les opi-
« nions d'autrui. »

Rien de pareil ne peut se déduire ni de l'article 8, ni de l'esprit général de la charte. Dans
son principe, la charte a dit aux Français : Je
vous apporte une forme de gouvernement qui
admet le secours et les conseils de l'opinion
publique. D'un côté, je vous accorde le droit
de pétition pour la défense de vos intérêts per-
sonnels ; de l'autre, le droit de publier vos
opinions pour la défense des intérêts généraux.

Tel est le sens dans lequel doit être entendue
la concession faite aux Français par l'art. 8 de
la charte. Cet article a voulu que les vues des
simples citoyens, manifestées et comparées
entre elles par la publicité, formassent comme
une lumière toujours présente aux yeux du
gouvernement pour éclairer sa marche et rap-
procher sa conduite des vœux de la nation.

Mais il n'y a rien là dont le premier venu
puisse s'autoriser pour appeler SES opinions
tout ce qu'il lui conviendra d'emprunter à la
corruption et à la licence d'autrui, pour faire
reparaître des écrits d'auteurs morts depuis

(35)

cinquante ans, et inonder le public d'ouvrages
tristement célèbres contre lesquels il existe des
arrêts flétrissans, d'augustes réprobations (1).

En d'autres termes, voici la question réduite à sa plus simple expression : PIERRE peut-
il revendiquer, comme étant SES opinions, les
opinions connues et publiées par PAUL un
demi-siècle auparavant? Non assurément, elles
ne vous appartiennent point, et la charte n'a
nullement entendu vous donner le droit de les
faire revivre. Si l'art. 8 vous a donné une espèce de port d'armes, ce n'est point pour
chasser sur la propriété d'autrui, c'est pour
vous renfermer dans les limites de la vôtre.
Usez de votre port d'armes chez vous, en vous
conformant aux lois qui règlent l'usage de la
permission qu'on vous a donnée, comme d'autres lois doivent régler l'usage de la permission
de publier vos opinions.

Cette exception s'applique également au droit
de faire des journaux, parce que, d'une part,
les journaux ne sont point l'expression d'une
opinion *personnelle* proprement dite, selon la
charte, mais une *entreprise*, une *profession...*
et, de l'autre, parce que la politique est ex-

« Voltaire, Rousseau, Diderot et leurs pareils ont per-
« verti la jeunesse qui lit avec ivresse, et la classe plus
« nombreuse des hommes qui lisent sans réflexion. »
Louis XVI à Malesherbes, 13 décembre 1786.

clusivement du domaine de l'Etat, on n'a pas
le droit de publier les ouvrages d'autrui sans
permission. La politique se compose de faits et
d'actes qui sont aux gouvernemens ; on ne peut
s'en emparer sans la permission des auteurs ;
ces auteurs ce sont les gouvernemens. On a
par conséquent besoin d'une permission quoti-
dienne, d'une permission préalable, pour publier ce qui est du gouvernement. Ces *fabriques
d'opinions* que l'on nomme *journaux*, néces-
sitent donc, comme l'a voulu en 1814 l'auteur
même de la charte, une surveillance spéciale
et de tous les momens, tant sont fortes et ra-
pides l'action et l'influence de la presse périodique, cette terrible auxiliaire de la presse
ordinaire...... .

Mais revenons aux productions de cette der-
nière. Il existe, dit-on, une jurisprudence par-
ticulière sur la librairie, qui regarde, comme
propriété publique, les ouvrages des auteurs
morts depuis un temps déterminé. Raison de
plus pour qu'il n'appartienne qu'au gouvernement seul d'en disposer, comme il dispose de
toute autre propriété publique, en ce sens du
moins, qu'il en règle lui-même la jouissance et
le mode de possession, en sa qualité de direc-
teur-né du Domaine de l'Etat, et de juge naturel et exclusif, par conséquent, de son ex-
ploitation.

Ce qui appartient en propre à une localité, un chemin vicinal, un pâturage, un bois communal, un terrain vague, un presbytère acheté des deniers d'une paroisse, la halle d'un marché public, tout cela est soumis à la haute surveillance du gouvernement, tout cela s'administre sous son contrôle, et ne peut recevoir aucune modification sans son exprès consentement. Et lorsqu'il s'agit de la chose du monde qui intéresse le plus l'ordre social, lorsqu'il est question du droit de corrompre les cœurs et les esprits, du droit d'exploiter le domaine des révolutions, du droit d'altérer tous les principes sur lesquels reposent la religion et la monarchie, l'Etat viendrait tout à coup renoncer à l'exercice de son autorité par une exception unique, qui serait de nature à lui enlever tout le fruit de ses autres soins, de ses autres précautions, de ses autres moyens d'existence!!! Non, jamais rien de pareil ne peut se conclure ni de la charte, ni de rien que ce soit. Quand nous le verrions écrit dans des lois formelles, nous serions forcés de chercher un autre sens; et pour dernier argument, nous dirions : *non auditur perire volens.*

Si l'on a lieu d'être surpris que les tribunaux aient reculé devant une semblable difficulté, il est temps, et grand temps, messieurs, d'arrêter l'effrayante, la scandaleuse circulation des écrits impies autant que séditieux, qui attaquent si ouvertement le dogme tutélaire de toute souveraineté sur la terre. Ne voyez-vous pas qu'ils en viennent jusqu'à vouloir dominer dans le sanctuaire de la justice, séduire vos propres pensées et dicter des lois aux législateurs eux-mêmes ! Oui, Messieurs, pour ébranler plus sûrement le principe de fidélité au Roi légitime dans l'esprit de la multitude et le déraciner dans toutes les consciences, ces dangereux écrits ont pour but unique d'avilir la religion, d'enlever à ses ministres le respect et la confiance publique, d'en couvrir de ridicule les dogmes et les pratiques, de provoquer même des fureurs contre ceux que leur état consacre à sa défense.

Voilà, messieurs, ce que n'autorise point *la loi sur la librairie*, voilà ce que ne peut autoriser l'article 8 de la charte ; ainsi donc, messieurs, nécessité de réformer une législation vicieuse qui ne met aucun frein à ces affreux désordres ; nécessité, par cela même, d'une réforme du nouveau projet de loi, qui n'y apporte aucun obstacle, *qui a même oublié d'y songer...*

Ma première proposition est démontrée sous son double rapport d'*anciennes* et de *nouvelles* publications ; mais le moment ne me paraît pas favorable pour nous occuper de la seconde.

Simple citoyen, je n'ai point la présomption de vouloir exercer de l'influence; c'est à moi de recevoir en toute humilité celle qui descend de la tribune des députés. Par l'état actuel de la délibération sur la police de la presse, je me tiens donc pour averti que je perdrais ma peine et mes efforts à publier dans ce moment les considérations qui me restaient à présenter.

J'attendrai que l'insuffisance de la nouvelle loi ait mis de plus en plus à découvert la profonde plaie que la licence achèvera de produire. Ce troisième essai ne peut manquer de donner raison à ceux qui, comme moi, sont convaincus qu'il n'y a plus désormais de remède aux maux de l'Etat et de la religion que dans ce même système de prévention qui effarouche si fort les oreilles et les esprits, et qu'on ose à peine appeler aujourd'hui par le vrai nom que la charte à voulu lui donner.

En 1819, on a fait l'essai d'une loi dont on se promettait les plus merveilleux effets. Trois ans après, on a cru le compléter par de nouvelles sévérités qui semblaient devoir ne plus rien laisser à désirer ni à craindre. Le mal, depuis lors, n'a plus cessé d'augmenter d'une manière effrayante ; et un cri général de détresse demande de nouveaux secours à la législation.

Ces secours, Messieurs, peut-on raisonnablement les attendre d'un projet de loi qui n'inspire aucune confiance à ses auteurs eux-mêmes, puisqu'ils vous prient de chercher quelque chose de meilleur, en vous promettant de l'adopter?... non, vous ne trouverez rien de meilleur en dehors de l'esprit de la charte, en dehors des conseils qu'une expérience de 12 années ne cesse de vous donner.

Encore quelques faux essais; et le danger sera mieux senti. Plus on avancera dans les écueils, plus on comprendra la nécessité de reculer et de rentrer dans le port que la charte nous a ouvert. La force des tempêtes révolutionnaires nous y ramènera, et peut-être alors le péril sera-t-il devenu si grand, qu'on se repentira d'avoir perdu tant d'années à disputer sur les deux mots *prévenir et réprimer.*